MOYEN

DE
PAIX PERPÉTUELLE,

OU

RÉPONSE A L'AUTEUR

D'UN OUVRAGE INTITULÉ :

DU SEUL MOYEN DE FAIRE, AVEC SUCCÈS, LA GUERRE A L'ANGLETERRE,

PAR L'AMI DES BÊTES.

Les moyens les plus simples sont souvent les meilleurs.

IMPRIMERIE DE DONDEY-DUPRÉ.

A PARIS,

Chez
{
Delaunay, Libraire, Palais-Royal, galerie de bois, n°. 243;
Pélicier, Libraire, première cour du Palais-Royal, n°. 1;
Lacourrière, Libraire, boulevard du Temple, vis-à-vis le Jardin Turc.

1815.

Adresse au Roi.

SIRE,

TOUTE pensée qui peut être utile, qui tend à servir l'État, n'appartient plus à celui qui l'a conçue. Elle appartient à la patrie. Il n'est point d'empêchemens légitimes pour son auteur, qui puissent le dispenser de la soumettre au conseil ou au chef suprême de l'État. Son incapacité à la présenter nettement, ou sa timidité naturelle, ne sont point des obstacles suffisans. D'ailleurs, un simple calcul politique n'est point une pièce d'éloquence, et sans doute on doit être plus hardi à défendre les hommes qu'à les immoler. SIRE, je viens vous présenter un moyen peut-être aussi sûr qu'il est simple, pour maintenir la France en paix avec l'Angleterre. J'essaye de prouver que ce même moyen peut aussi nous maintenir en paix avec les autres puissances ; que l'exemple de la France les mettrait dans la nécessité de l'imiter ; c'est-à-dire, que je crois que ce simple moyen pourrait nous conduire à *la paix perpétuelle :* est-ce une chimère? Nul autre que vous, Sire, ne peut mieux en juger, cette question sans cesse assaillit votre cœur. Je suis donc sûr que si vous ne l'adoptez pas, que si vous la trouvez insuffisante, au moins vous me pardonnerez de vous l'avoir soumise.

J'ai l'honneur d'être,

Sire,

De Votre Majesté,

Le plus humble et le
plus fidèle Sujet,

Menard.

RÉPONSE

A L'Auteur d'un ouvrage portant pour titre :

LE SEUL MOYEN

DE FAIRE, AVEC SUCCÈS, LA GUERRE A L'ANGLETERRE.

On ne doit pas être ennemis, pour n'être pas du même avis.

C'EST sur la foi de cet adage que je viens, Monsieur, combattre votre système sur les moyens de faire la guerre aux Anglais. L'expédient que vous proposez, qui est de courir sus et brûler leurs vaisseaux, est une addition aux moyens de destruction jusqu'ici connus, employés de part et d'autre ; c'est une extermination plus prompte et plus complète, et je me vois forcé de vous dire, Monsieur, que ce serait un scandale que la nation française donnerait à l'Univers.

Votre système me paraît donc sortir des lois et police de la guerre ; car, quoiqu'il n'y ait pas de convention écrite entre les puissances belligérantes, c'est la coutume, l'usage qui établit le code militaire entre les peuples ; et le peuple qui sort, de la condition tacite, acceptée par tous, devient par là même l'ennemi, le fauteur envers toutes les nations soumises à ce pacte tacite...

Votre système est donc *illégal.*

Mais votre projet est *illusoire,* par la raison que ce que l'un peut, l'autre le peut : vos nouveaux moyens à exercer contre l'Angleterre , peuvent être exercés contre nous par l'Angleterre ; et comme le pouvoir, les moyens d'exécution sont plus puissans pour les Anglais , c'est-à-dire, comme leur marine est plus forte que la nôtre , les Anglais peuvent faire, sous ce rapport, plus de mal à la France, que la France ne peut faire de mal à l'Angleterre..... C'est envain qu'on apporte cette objection, que les bâtimens *brûleurs* marchent plus vîte , et par conséquent qu'ils ne pourront jamais être atteints par les bâtimens de guerre ou de commerce. Sans examiner la force de cette assertion, on doit au moins convenir, que l'Angleterre comme la France pourra aussi faire construire des bâtimens très-pareils aux brûleurs français ; qu'ils pourront même en mettre davantage en mer, par la raison qu'ils ont plus d'hommes marins que nous : mais en adoptant égalité de force, et encore si on veut parfaite nullité dans les vaisseaux de guerre

et de commerce, alors les combats marins, la
guerre maritime s'exercerait exclusivement de
part et d'autres par les brûleurs, car on doit
convenir que les brûleurs anglais étant de même
construction, marcheraient aussi vîte que les
brûleurs français.... Je conviens que les brûleurs
anglais n'auraient rien à brûler, puisque la marine française est nulle, ou presque nulle; raison
de plus, sa destruction totale, son anéantissement
complet, seront d'autant plus facile à faire... La
France consumerait donc toutes ses forces, tous
ses moyens à guerroyer contre plus fort qu'elle,
et sans aucun but de bénéfices. Mais il ne faut pas
perdre de vue que l'Angleterre pourra, par sa
richesse et par le grand nombre de ses marins,
armer le double, ou plutôt le quadruple de vaisseaux plus que la France. J'en conclus donc que
loin de détruire, d'anéantir la marine anglaise,
votre projet, Monsieur, tendrait au contraire, à
anéantir entièrement, à faire disparaître des
mers, jusqu'au moindre vestige de la marine
française.

Il serait plus, l'indignation que cette odieuse
mesure aurait excitée, étendrait bien plus loin
la haine qu'on suppose aux Anglais pour la
France : ce ne serait plus mépris, jalousie, ce
serait aversion, horreur! Et de cette horreur

naîtrait l'esprit de vengeance, de *fureur*... Eh !
qui sait où cet esprit de vengeance, de fureur,
hélas, trop légitime, pourrait conduire les Anglais contre nous?... Ne pourraient-ils pas, en
suivant la route que nous-mêmes leur aurions
tracée, après avoir coulés ou brûlés nos brûleurs,
ne pourraient-ils pas aussi s'avancer jusques dans
nos ports, et brûler le peu de bâtimens qui s'y
trouveraient; ne pourraient-ils pas brûler les vil-
lages de nos côtes.... Ne pourraient-ils pas?....
Oh! j'arrête ici mon imagination peut-être trop
exaltée; mais toujours est-il que pour l'ordinaire
on aperçoit les malheurs que lorsqu'il n'est plus
tems de les empêcher !...

Cependant, Monsieur, je ne puis céder au
devoir que ma conscience m'impose; malgré-
moi mon imagination me montre d'autres malheurs plus graves encore, suite du système que
vous proposez.... Et les autres puissances que
diraient-elles de notre conduite? Ne seraient-elles
pas assez fondéees à craindre pour elles, le
même système, la même conduite que nous
aurions tenue envers l'Angleterre? N'auraient-
elles pas un intérêt direct et bien pressant d'anéantir, de faire disparaître du globe la nation
ennemie et destructrice des peuples? La nation
française ne serait-elle pas exécrée de l'Univers?

Votre projet, Monsieur, n'est donc pas seulement illégal, mais il est impolitique et *dangereux ;* il ne remplirait donc pas le but que vous vous proposez, qui est d'affaiblir, de diminuer la somme du commerce anglais pour augmenter le nôtre. Le *droit-canon* que vous proposez ne pourrait-donc qu'embrouiller davantage la querelle, et ne parviendrait pas à arranger les choses.

Cependant, Monsieur, la nation française vous aura obligation de votre sollicitude : l'intention de servir son pays, équivaut presque à la réussite. Il est toujours louable de tourmenter son intellect, d'essayer son esprit sur les moyens de prospérité publique ; mais il est peut-être plus louable encore de s'agiter, de tourmenter son âme sur les moyens de servir l'humanité... L'humanité universelle, car ce sont aussi des hommes qui sont au-delà de nos limites.

Et moi aussi, Monsieur, j'ai mon projet sur les moyens de prospérité publique. Il est tout opposé au vôtre : vous voulez la guerre, et moi la paix ; vous voulez tout brûler et tout détruire, à la fin de gêner et d'interrompre le commerce d'Angleterre avec les colonies ; et moi je borne mon ambition au commerce de nos productions nationales. Je suis loin de dire, achetez mes denrées, ou je vous écrase, ou je vous brûle par la guerre; je dis simplement : si les productions du sol Français vous sont utiles et agréables, la France vous offre avec plaisir ce qui excède ses indispensables besoins... Nous ne nous dissimulons pas que la France ne soit pour toute l'Europe, je dirais presque pour l'Univers, *pays d'approvisionnement*; elle a donc en elle--même de quoi assouvir son ambition commerciale. Je dis plus, toutes spéculations sur le commerce étranger ne pourraient qu'entraver et nuire à la libre circulation du commerce de ses productions. C'est-là qu'on pourrait appliquer cet axiome, » trop d'affaires nuisent aux affaires. » La France, dans le monde commerçant, fait un commerce de propriétaire et non un commerce de spéculateur; tout le prix de ses denrées nationales, c'est-à-dire, tout le montant de son commerce est profit, puisqu'elle trouve tout sur son sol, et qu'elle n'achète rien ou presque rien de l'étranger. Ce serait donc de la part de la France une folie, une vraie démence, de disputer aux états spéculateurs la chance d'un bénéfice de 10 pour 100 du plus au moins, et de quitter ou du moins de diminuer d'autant un commerce de propriétaire où tout est profit. Mais ce serait impolitique de la part du Monarque d'exposer son pays aux incursions de ses ennemis ; ce serait aussi une grande inhumanité d'exposer la vie de ses sujets pour soutenir une guerre préjudiciable à l'intérêt de ses sujets, pour soutenir une guerre préjudiciable à l'intérêt national.

La France n'a donc pas besoin, par sa situation et par sa richesse territoriale, d'entrer dans la dispute des nations marchandes : elle n'a pas besoin, auprès d'elles, de se servir de cette invention inspirée par la jalousie, de ces droits et prohibitions dont les peuples commerçans se servent entr'eux pour établir ce qu'ils appellent *la Balance du commerce*, balance qui, malgré la plus fine, la plus profonde politique, ne peut jamais opérer et atteindre l'équilibre parfait ; balance dont tous les peuples se servent pour se tromper entr'eux, balance qui, de tous les tems et partout fut la cause des guerres. Je conclus donc que pour qu'elle soit juste, il faut que cette balance soit remise entre les mains de la nature.

Quant au commerce des colonies dont les Anglais sont possesseurs, il est sans doute bien naturel que les chemins soient ouverts à tous ; mais il est aussi bien naturel que celui qui a plus de vaisseaux de transport et plus d'argent, fasse un plus gros commerce que celui qui a moins de ces voitures flottantes et moins d'argent pour les charger de marchandises... Toute l'ambition, toute l'industrie du commerce français doit donc se borner, d'une part, à l'accroissement de la culture des denrées territoriales, et de l'autre au perfectionnement de nos manufactures... Ce parti, cette détermination me semblent fondés sur ces inébranlables principes garantis par l'expérience ; que chacun va chercher les denrées dont il a besoin partout où elles sont, et qu'on donne la préférence à qui nous fait meilleur marché.

L'état de guerre avec l'Angleterre doit-il accroître ou diminuer la masse de nos denrées exportables, doit-il en augmenter ou en diminuer le prix ? Quel effet produirait à cet égard l'abolition des douanes ? Voilà les questions qu'il faut examiner.

Pour résoudre ces questions, je ne veux point m'armer de raisonnemens interminables : je viens tout simplement compter ; je viens établir un compte de comparaison entre la recette et la dépense, je viens comparer le revenu national en tems de paix, au revenu national en tems de guerre... Ce moyen me paraît le plus sûr et le plus déterminant sur le parti qu'on doit prendre : c'est en quelque sorte, parler aux yeux ;

le jugement n'a presque rien à faire ; c'est en quelque sorte forcer le bon sens à se rendre ; c'est forcer le guerrier à se prononcer tout haut : là, quand on lui a fait son compte, quand on lui a prouvé que la guerre dévaste et ruine sa patrie, il faut bien malgré lui qu'il avoue, qu'il ne travaille que pour son propre profit, et pour son affreuse gloire.

En quoi consiste la richesse du commerce Français ? Quelle est sa source, ou pour parler en termes de commerce ou de finance, quels sont ses capitaux ? Ils se composent de la richesse du revenu territorial, et du produit de l'industrie manufacturière. Quelle influence ont sur l'un et sur l'autre l'état de paix et l'état de guerre ? Dans l'état de paix, tous les bras sont occupés à travailler au produit national, et alors il est plein et entier, il ne souffre aucune altération ; en guerre, au contraire, il est diminué, altéré de l'absence de tous les bras qu'elle enlève à l'agriculture et aux manufactures... Le produit national est encore diminué et affaibli de toutes les dépenses occasionnées par la guerre...

C'est sur ces bases que nous allons établir notre calcul.

J'établis la richesse totale, tous les capitaux du commerce de la France, à . . . . . . 1000.

Je suppose, de ce capital des produits nationaux, que l'exportation générale de nos denrées auprès de toutes les autres nations, soit le dixième du total, qui est 100.

Je suppose que de ces 100 qui composent la totalité exportée, il y ait un dixième d'exportation directe à l'Angleterre; il résultera que la partie de notre revenu exportée en Angleterre ne sera que le centième du revenu total.

Ainsi on peut conclure que l'état de guerre avec l'Angleterre ne nous prive que de la consommation, ou plutôt de l'exportation du centième de notre revenu total, ou, ce qui est la même chose, du dixième de l'exportation générale.

Maintenant comparons contre le bénéfice de ce dixième d'exportations en tems de paix, les pertes que nous fait éprouver la guerre; et voyons laquelle des deux situations est la plus avantageuse pour la France, considérée seulement sous le rapport de l'intérêt pécuniaire.

Certes, on m'accordera bien que la guerre avec l'Angleterre doit enlever à la France le dixième de ses agriculteurs ou manufacturiers. Cette absence du dixième d'agriculteurs ou manufacturiers doit nécessairement réduire le revenu territorial et industriel du dixième du revenu total.

On ne se plaindra pas quand je ne demande, pour tous les frais de la guerre, qu'un autre dixième du revenu national.

Ainsi ces deux dixièmes de perte réunis, réduisent, en tems de guerre avec l'Angleterre, le revenu national de France, qui est 1,000 à 800, contre le bénéfice chimérique d'un accroissement d'exportation du centième du total; d'où il résulte que la perte de la France, en tems de guerre avec l'Angleterre, est de 200 sur 1,000; et qu'en tems de paix le manque à gagner n'est que de 10 sur 1,000 du revenu total, ou 10 sur 100 du total de l'exportation.

Il est donc évident que la France ne peut avoir d'intérêt à faire la guerre à l'Angleterre; il résulte au contraire qu'elle a un intérêt direct à se maintenir en paix avec elle.

Pour ce qui est de la perte que nous cause notre sorte d'exclusion du commerce des colonies; quoique nous ayons déja répondu à cette question, en prétendant que la culture nous donne plus de profit que le commerce; il convient néanmoins d'en apprécier l'importance.

Et à cet égard, il est une distinction bien essentielle à faire. Ce n'est pas de la somme de commerce que les Anglais font plus que nous, dont nous sommes en perte, ce n'est que du bénéfice de cette somme... Par exemple : la totalité des denrées coloniales que l'Angleterre vend à la France est, je suppose, 100 millions : il ne faut pas delà conclure que la France perd cent millions, il faut dire que la France perd réellement le bénéfice que l'Angleterre fait sur ces cent millions de marchandises qu'elle nous vend. Et comme raisonnablement on ne peut évaluer ce bénéfice tout au plus qu'à 10 pour 100, il s'ensuit que la perte réelle de la France est de 10 millions, et non de 100 millions. On peut ajouter encore que la perte de ces 10 millions ne porte que sur les portions qui sont payées par la France en argent, et non sur celles qui sont payées par échanges; car, alors il s'établit une compensation de bénéfice qui fait disparaître la perte. Cette perte là, de manque de bénéfice que la France supporte, n'est donc pas d'une grande importance, et peut bien se perdre dans l'immense bénéfice de nos exportations générales.

Un dernier obstacle à la paix de la France avec l'Angleterre, et que les ennemis de la tranquillité exaltent avec fracas, c'est qu'en tems de paix, l'importation en France des tissus anglais, fabriqués en coton, anéantit, disent-ils, nos manu-factures nationales... Mon Dieu! que l'homme est petit, qu'il compte mal; mais que l'homme est cruel!!! Pitoyable et affreux politique Français, quoi! tu mets en parallèle l'argent contre le sang!.. Mais avant de faire cet odieux rapprochement, prends-donc au moins la peine de faire ton calcul.

Le sang de tes concitoyens ne t'est rien, dis-tu; hélas! je le vois trop.... Mais l'absence des ouvriers tués à la guerre rendra tes ateliers déserts, et tu seras, par-là même, contraint de vendre plus cher, et en vendant plus cher tu ne seras plus en concurrence avec les autres; tu n'auras rien à exporter... Oh! ne ferais-tu pas mieux de réveiller ton courage. Tu dors dans ta jalousie; réveille-toi et travaille. Fais-toi l'honneur de penser qu'un homme vaut un homme; conclus de ce principe qu'un Français, quand il le veut, doit valoir un Anglais... Quoi! tu as la lâcheté de laisser tranquillement passer ce prétendu adage, que les marchandises de fabriques françaises ne vaudront jamais celles de fabriques anglaises! Fouille donc, travaille ton esprit, il est du même auteur, et sois sûr qu'une cervelle française, qui s'agite et se travaille, doit valoir tout autant qu'une cervelle anglaise.... Hélas! j'avais cru qu'elle valait davantage sous le rapport de l'humanité! J'avais cru que si la tête d'un anglais était un peu plus solide dans ses ressorts, que le cœur du Français était meilleur, que ses sentimens étaient plus doux et plus humains; j'avais cru.... Eh bien, Français, puisque ton cœur est fermé à la sensibilité, puisque tu pré-fères de verser beaucoup de sang pour peu d'argent, il faut donc encore te faire ton calcul.

J'ai essayé de prouver ailleurs qu'il est impo-litique à la France d'activer ses manufactures en tissus de coton, par la raison qu'elle a chez elle une matière première du crû national, dont l'emploi est bien plus profitable, c'est le *lin et le chanvre*, il présente un bénéfice presque double à celui des cotons... Sans trop m'arrêter à cette observation peut-être étrangère à la question, je me restreins à prouver que nous pouvons, comme les Anglais, fabriquer le coton avec le même avan-tage, ou du moins à une différence impercep-tible... Et voici mon raisonnement à cet égard. Le coton est en effet matière du crû national anglais, puisque l'Angleterre a des isles en propriété où elle en récolte, mais elle ne les a pas toutes; en admettant même que, vû sa navigation, elle soit en possession de presque tout le commerce des cotons, il suffirait qu'elle eût un seul concurrent, l'Espagne par exemple. C'est assez pour qu'elle soit dans la nécessité de se conformer au prix du commerce. Or, j'évalue le prix du coton pris aux isles à 3o sols. Quel doit être, et quel est le bénéfice du négociant qui l'amène en France? 1o pour cent, ce qui fait 3 sols par livre... Ainsi la livre de coton qui ne coûte que 3o sols aux Anglais, coûte 33 sols aux Français, voilà la seule différence... Mais il faut observer que cette livre de coton en laine, qui nous coûte 33 sols quand elle est filée et tissue, vaut, à prix moyen, 20 fr. la livre ; ainsi la différence est de 3 sols sur 20 fr. Voila donc l'importance, voila donc le motif de haine, de jalousie, que le Français porte aux Anglais ; voila le plus grand, pour ne pas dire le seul motif qui le détermine à leur faire la guerre... Fallait-il donc, mon Dieu, faire tant de tapage pour un si mince objet ? Fallait-il commencer par se percer le cœur avant d'avoir compté...

Comment peut-on donc proposer au gouvernement, pour ce faible intérêt national, de faire la guerre à l'Angleterre, de courir sus par toutes les mers du monde, brûlant partout ses vaisseaux? Faut-il pour un simple motif de pure jalousie, exposer la vie de tant de citoyens, et troubler la paix des royaumes ?

Je me suis engagé dans la question jusqu'à

prétendre qu'il convient de laisser la balance du commerce entre les mains de la nature ; c'est à-dire en d'autres termes, que les peuples feraient mieux entr'eux d'anéantir tous les droits d'entrée et de sortie, toutes prohibitions respectives ; je me suis engagé à prouver que ce moyen non seulement nous éviterait la guerre avec les autres nations, mais que notre conduite seule les forcerait à nous imiter, c'est-à-dire que ce moyen seul opérerait nécessairement la paix constante et universelle... Cette question est trop essentielle au genre humain pour ne pas la traiter... est-ce une illusion, est-ce un rêve de ma part ? Que mon lecteur me juge, mais jusques-là, jai en quelque sorte le droit de le sommer d'apporter toute son attention dans une cause aussi sérieuse.

Appuyé sur ces principes, que sur l'intérêt personnel on se trompe rarement ; qu'un Roi comme un commerçant, peut raisonner son affaire ; que la gestion de l'État, tant qu'aux opérations commerciales, se meut par les mêmes viremens, sur les mêmes principes, par les mêmes moyens que celle du simple commerçant, puisqu'il s'agit dans l'une et dans l'autre, d'accroître ses capitaux, en un mot de s'enrichir : que l'importance de l'objet n'y fait rien, qu'il faut autant et pas moins de bon sens pour gérer un capital de 20,000 fr., que pour en gérer un de 200,000, et autant pour 200,000 que pour 200,000,000... C'est d'après toutes ces raisons et sur ces bases que je me détermine à rachever mon rêve, et parce qu'il est permis de pousser un rêve aussi loin que l'on veut, bien entendu tant que ce n'est qu'un rêve. Je m'établis, je me suppose Roi de France, ou du moins chargé par lui de gérer le grand commerce de l'État.

Me voila donc, dans ma qualité de délégué du Roi, propriétaire ou du moins directeur du sol français. C'est-là mon capital dont je cherche à tirer tout le meilleur parti possible. Dans la situation où je le trouve, je vois la moitié des terres incultes. Mais dans l'état actuel des choses, la moitié qui est cultivée suffit pour la consommation de l'intérieur, et même il nous reste du *trop*, et c'est ce trop qui constitue, qui fait l'importance de nos exportations... L'attention, l'objet spécial du régisseur est donc de porter, de grossir ce trop le plus qu'il peut. Mais il est subordonné à la demande de l'étranger. Quels sont les moyens de déterminer l'étranger à s'adresser de préférence à nous plutôt qu'à nos voisins?... c'est d'offrir à meilleur marché... Quels moyens pour arriver à ce bon marché? Il consiste en deux choses ; le choix des objets à mettre en culture, et le dépouillement absolu de tous droits et impôts à la sortie et à la rentrée du royaume.

Quelles sont les denrées que nous devons de préférence mettre en culture ? Celles qui y croissent plus abondamment et qui sont de meilleur produit. Pour la France, après les bleds et les vins, ce sont les lins, les chanvres et les soies; or, plus la culture de ces denrées sera soignée et multipliée, plus le prix en sera modéré, et plus le prix sera modéré, moins nous aurons de concurrents. Au contraire, notre sol étant plus propre qu'aucun autre à la culture de ces denrées, la culture chez l'étranger en sera d'autant plus négligée que le prix en sera bas en France. Tous les pays dont le terrein est moins propre que le nôtre à la production de ces sortes de denrées, perdront donc tout espoir à la concurrence avec la France, et la France pourra avec le tems se dire parmi les provinces Européennes, *pays d'approvisionnement.*

Et pour prouver cette assertion, je n'ai pas d'autres raisonnemens à faire, d'autre autorité à citer que celles de l'expérience, de l'évidence... Jusqu'à présent les spéculateurs français n'ont point été en Provence et en Languedoc pour acheter des cidres, ils ont constamment été en Normandie; ils n'ont point été en Bretagne acheter des soies, ils n'ont point non plus été dans cette province faire provision de vins. Car de tous les tems et en tous lieux c'est au meilleur marché qu'on a donné la préférence... Ce n'est donc point de ma part une chimère de prétendre que la France soignée et cultivée, obtiendrait la préférence, et qu'elle ferait la consommation de ses denrées superflues auprès des étrangers.... Ce n'est donc pas un espoir tout-à-fait extravagant de prétendre que la France puisse doubler son revenu en elle-même, et sans aucunement spéculer sur le commerce de ses voisins. La renonciation a toute espèce de droits et prohibitions ne serait donc pas un préjudice, mais au contraire, le vrai et seul moyen d'enrichir la nation française.

Mais le plus beau bénéfice que ferait la France en adoptant de préférence ce genre de commerce, c'est son *indépendance*. Et quel est en effet le plus beau, le plus noble, le plus agréable commerce qu'on puisse faire, si ce n'est le commerce de ses propres denrées? c'est-à-dire, le commerce de propriétaire-cultivateur. La France, dans mon système, serait donc à l'Europe, ce qu'est à la société le propriétaire-cultivateur. Comme lui elle serait riche et dépendante, tandis que ses voisins seraient tous dépendans d'elle ; elle jouirait de la tranquillité, de la sécurité que donnent l'aisance et un revenu *certain;* elle jouirait de ses propres richesses, sans se mêler, sans se jeter, avec les autres peuples, dans la tourmente des spéculations commerciales.

Je sais, et on ne doit point se dissimuler, que notre exemple, notre prospérité serviraient de leçons aux autres peuples, et qu'ils voudraient nous imiter. Mais de cette heureuse jalousie naîtraient nécessairement l'esprit de concorde, l'esprit de paix. L'intérêt, ce perturbateur du monde, disparaîtrait de la surface du globe; chacun dans son cercle aurait, en quelque sorte, sa part faite, sa part coupée par la nature-mère; chacun cultiverait sa plante nationale; et si les fortunes colossales étaient plus rares, les fortunes moyennes, les moyens d'existence seraient plus assurés; on ne craindrait plus qu'un ennemi ambitieux vint nous déposséder du champ qui nous fait vivre, du champ qui alimente le père et ses enfans.

Pour prouver toutes ces assertions, il faut en faire la contre-épreuve, il faut aller droit à l'application; et pour cela je suppose que la France soit l'Europe en petit; je suppose que ses provinces soient des royaumes, et que chacun de ces royaumes fermât sa porte au commerce étranger, par l'établissement de droits prohibitions : que résulterait-il de ces dispositions ? Le voici : c'est que les pays à blé en auraient trop, et que les pays vignobles n'en auraient pas assez, et ainsi de toute autre denrée. Il s'en suivrait encore une autre conséquence, c'est que non-seulement cette étroite proximité amenerait souvent des querelles de voisinage, de jalousie ; mais il faudrait une espèce d'armée permanente pour empêcher la contrebande. On ne peut donc disconvenir que si toutes les provinces françaises s'isolaient ainsi les unes des autres, la France ne présentât autre chose qu'un tableau affreux de misère, de guerres intestines et interminables.... C'est-à-dire, qu'elle présenterait, en petit, le tableau de la grande Europe.

Mais si parmi tous ces petits rois, il s'en trouvait un seul, plus sage et meilleur politique que les autres, qui abolît tous droits et prohibitions, qui ouvrît de toutes parts ses portes au commerce libre, tant pour vendre que pour acheter, n'arriverait-il pas, au résumé, que cet état aurait affluence de vendeurs et d'acheteurs, et qu'il se procurerait par-là toutes les denrées et marchandises étrangères à son sol, *pour et avec son superflu ?* N'arriverait-il pas que les états voisins de notre sage, voyant disparaître les acheteurs et vendeurs, se trouveraient forcés de se mettre au

niveau, en rendant aussi leur commerce libre.
Ainsi, je ne puis trop le dire et le redire, la paix
universelle, le bonheur de l'humanité tiennent à
la volonté d'un seul des souverains!!!

Qu'on apporte à ce système toutes les objections
qu'on voudra, qu'on me contredise sur tous les
points, qu'on prétende qu'il n'est pas vrai qu'il
y ait la moitié des terres incultes, je me soumets
à me réduire; qu'on me dise que cette abondance
de denrées en produira la baisse, je veux bien
encore me dispenser d'observer que la plus
grande demande en maintiendra le prix. Je con-
sens à toutes réductions; j'accorderai, si l'on
veut, qu'à ce nouvel ordre de chose la France
ne gagne rien, pourvu que l'on m'accorde que
ce système nous donnera la paix.

Voici, Monsieur, la couleur de ma pensée; elle
est un peu différente de la vôtre; mais qu'importe
le chemin par lequel on arrive, pourvu qu'on arrive
enfin... Vous avez cru, et je suis persuadé que telle
était votre pensée intime; vous avez cru que c'était
en brûlant les vaisseaux des Anglais qu'on arriverait plutôt à la paix avec eux; vous l'avez cru de
bonne-foi, sans doute; peut-être vous êtes vous
trompé. Je viens soumettre à cet égard, au peuple
français, et votre opinion et la mienne; il va juger.

Je crois qu'on y arriverait plutôt à cette paix

désirée, en tenant ferme le timon de la charrue ;
vous avez cru, au contraire, qu'il fallait tenir
ferme le fusil et le sabre. Le public va juger.
Vous avez cru qu'il convenait de défendre les
privilèges du commerce à la pointe de l'épée ; et
j'ai cru, au contraire, qu'il convenait de laisser
faire à nos voisins toute espèce de conquêtes
commerciales, sans nous y opposer ; j'ai cru
qu'il fallait attendre patiemment le moment où
ils auraient besoin de nos farines, le moment où
ils seraient altérés de nos vins ; j'ai cru que quand
ils solliciteraient ces denrées auprès de nous, que
nous serions autorisés à les prier de nous donner
en échange du sucre et du café ; j'ai cru qu'en lais-
sant le commerce régulateur des traités, que ces trai-
tés-là vaudraient mieux que les traités nationaux,
que les traités de roi à roi. Le public va juger.

Mais ces juges que j'interpelle, je voudrais que
ce fussent les rois... Ah ! qu'ai-je besoin, en effet,
de l'opinion du peuple ; à quoi me servirait qu'il
prononçât sur mon système, si ceux qui peuvent
seuls le faire valoir, refusent d'en connaître ! Si
les arbitres des destinées du peuple, si ceux qui
tiennent, en quelque sorte, le fil de la vie des
hommes entre leurs mains, refusaient d'écouter
les moyens que je propose pour les conserver !

Je les conjure, ces rois de la terre, non pas

d'adopter mon projet de paix, mais de l'examiner.
Il est juste, ou il est faux ; qu'on juge et qu'on
nous dise s'il convient de continuer à tuer des
millions d'hommes, ou si on ferait mieux de laisser
les peuples s'établir entr'eux un commerce libre,
et d'intérêt et d'amitié; un commerce qui n'eut
plus d'autres bornes que celles posées par la
nature... Il est tems que l'on sorte de cette tur-
pitude barbare : la cruauté de l'homme ne peut
aller plus loin ; il faut qu'il rétrograde. Hélas ! il
est dans le sang jusqu'au cou; il faut qu'il s'en
retire ou qu'il s'y noie. Il faut le voir passer à
des sentimens plus doux, ou le voir disparaître
de l'Univers... Le créateur, le Dieu bon et aimant
ne peut plus supporter la vue d'un tel monstre.

C'est donc ici la cause de l'Univers, c'est la
cause des rois, c'est la cause des peuples. Quelle
puissance pourrait empêcher l'expirant de jeter
son dernier cri de mort!... Et qui peut empêcher
celui-là qui se noie de crier au secours? Mais
qui peut empêcher l'homme sensible de pleurer
sur la calamité publique? Qui peut même empêcher *le fanatique en humanité*, de crier à la
paix au milieu des combats? Et dès-lors qui peut
m'empêcher de percer la foule qui entoure le
prince, et de déposer sur les marches du trône,
mon projet de paix et de concorde entre les rois?

Mais j'écris au moment où les circonstances sont changées : le partisan des combats vient de disparaître, et l'ami de la paix vient de reprendre son trône. Nous étions des *sujets* dans toute la force du terme : toute affaire, toutes questions d'état nous étaient interdites ; maintenant nous sommes des enfans, et le Roi père nous permet à tous de lui présenter avec confiance, je dirais presque avec une sorte d'assurance, nos vues, nos projets, nos systêmes, nos rêves si l'on veut sur le bonheur public, sur les moyens de prospérité de la grande famille française.

Comme Buonaparte, Louis XVIII va courir à la victoire, mais dans un sens contraire ; c'est par la paix qu'il veut y arriver. Ses vues sont ambitieuses ; il veut conquérir l'univers, il veut attaquer, blesser le cœur des princes, il cherche à les fléchir ; ce Roi vigoureusement ami de la paix, hardiment défenseur de la vie de ses sujets, combat les autres princes avec des armes, hélas jusques-là inconnues ; par sa vertu, par sa modération, par son humanité. Non-seulement donc il méprisera, il exécrera la guerre pour son compte, mais il appellera tontes les autres nations à la paix, il criera aux hommes, de la part du ciel, qu'il n'est point permis à un homme d'en tuer un autre, et sa clémence sera la loi de l'univers.

Enfin cette maxime vieille comme le monde, cet axiome trop longtems consacré, qui dit que la guerre est un mal nécessaire et *indestructible*, va enfin disparaître, et on va convenir qu'il est possible que des hommes vivent avec des hommes, on va convenir qu'ils peuvent exister sans se tuer entr'eux... Qui le croirait, il a fallu des siècles pour consacrer cette vérité !

Il a fallu des siècles pour amener au monde un roi juste et humain, c'est-à-dire, un roi philosophe, ennemi de la guerre ; un roi qui ait le courage de dire tacitement aux autres rois, que leur prétendue gloire guerrière n'est qu'une petitesse ; je dirais presque que cette infâme valeur n'est qu'une lâcheté ; que ce plaisir de battre n'est autre chose qu'une pente animale, qui prouve dans l'homme, l'absence de l'homme, c'est-à-dire, l'absence de l'homme pensant.

Mais cet être surnaturel n'est pas né de lui-même, c'est l'être régulateur du monde qui l'envoie au secours de l'humanité ; c'est l'être régulateur du monde qui lui a donné des monarques voisins aussi sages, aussi humains que lui, des Rois qui se disputent entr'eux l'honneur de se dire les premiers qui aient consenti à renoncer *pour toujours* au systême de guerre... Oui, oui, n'en doutons plus, la main du ciel

vient de toucher la terre, et le monde est changé !
Qu'ils sont heureux, ces Rois, et et qu'ils doi-
vent se trouver glorieux de se voir choisis par Dieu
pour être les premiers libérateurs du monde !...
pour moi, je pense dans ma religion *conjectu-
rale*, que Dieu en créant l'homme *libre*, a voulu
voir jusqu'où il pourrait aller, jusqu'où il pous-
serait le crime. Nous sommes à la dernière ligne,
il n'est rien au-delà... L'esprit de fureur qui a
dominé la France, a effrayé les Rois; ils n'auraient
jamais cru que cet esprit guerrier pût pousser
aussi loin ses ravages; aussi ont-ils juré entr'eux,
et pour toujours, la proscription de la guerre.
Ce beau rêve de l'abbé de St.-Pierre, enfin n'est
plus un rêve, et les rois de l'Europe vont prouver
au reste du monde, qu'ils ne sont point placés
par Dieu pour être les destructeurs de l'humanité,
mais pour maintenir et répandre sur les peuples
la paix et le bonheur.

Mais, Monsieur, ce qui condamne davantage
votre projet de brûlement des vaisseaux anglais,
c'est que l'Angleterre est aussi comprise dans le
pacte de famille, dans le contrat d'union et de
paix; ce qui prouve que vous pouvez vous tromper, quand vous dites que cette nation est inter-
ressée, ambitieuse et envahissante, c'est que c'est
elle qui fait, en grande partie, les fonds de la

guerre, qu'elle vient au secours de la nation avec laquelle vous prétendez qu'elle est ennemie et rivale ; c'est qu'elle néglige ses conquêtes commerciales pour vous défendre ; c'est enfin qu'elle est venue presque seule avant l'arrivée des autres confédérés, exposer courageusement sa patrie pour la vôtre... Je pense, Monsieur, que vous ne serez pas insensible à cet acte de générosité. Un service rendu par un ennemi doit faire plus de plaisir que celui qui est rendu par un ami. Vous devez donc, Monsieur, vous réconcilier avec la nation anglaise, vous devez donc renoncer à brûler ses vaisseaux... Seriez-vous bien aise qu'elle brûlât vos charrues ?

Je crois donc vous avoir suffisamment prouvé qu'il n'est pas de l'intérêt de la France de faire la guerre à l'Angleterre ; que la crue, l'augmentation de ses productions territoriales, valent mieux que les profits éphémères du commerce ; le calcul mathématique que j'en fais vaut mieux que les plus brillans raisonnemens ; quand il s'agit d'arrêter l'incendie, on se dispense de pérorer, on crie au feu. J'ai donc cru devoir, Monsieur, crier au feu sur votre projet, et cela sans autre méthode que celle du zèle, que celle qui est inspirée par l'humanité.